Random

Russian

B2

Book 1

© 2023 by Matthew Aldrich

The author's moral rights have been asserted.

All rights reserved. No part of this document may be reproduced or transmitted in any form or by any means, electronic, mechanical, photocopying, recording, or otherwise, without prior written permission of the publisher.

ISBN: 9798386337445

website: www.lingualism.com

email: contact@lingualism.com

How to Use This Book

Random Russian is designed to assist elementary learners at the B2 level of the Russian language. This book contains 250 sentences, each **numbered for easy reference**.

To assist learners with their pronunciation, in this book, multi-syllable words are marked with stress symbols. This is because stress in the Russian language can be difficult to predict, and the quality of vowels varies based on whether they are in a stressed or unstressed syllable.

An **English translation** is provided for each sentence.

The book also includes **free audio** recordings, which can be accessed on our website at www.lingualism.com/audio.

The corresponding **track number and time stamp** are provided for each sentence, allowing you to easily match the audio with the text.

The sentences in this book are randomly selected and do not cover all vocabulary for the B2 level, but the repetition of similar structures and vocabulary is intentional to aid in fluency and vocabulary building.

Random Russian is not just a book to read and listen to, but also a tool to actively practice and improve your language skills. As you work through the sentences, try making variations by changing the persons, places, and objects in each sentence. Practice making negative sentences and try to adapt them to be true for yourself. This book is designed to be interactive and to be used in a way that works best for you. So don't be afraid to experiment and make the sentences your own. The more you practice, the more you'll find your fluency and vocabulary growing.

1

Track 1 - 0:00

Это была статная женщина с длинными распущенными волосами и царственной осанкой, привлекавшая внимание, куда бы она ни пошла.
She was a statuesque woman with long, flowing hair and a regal bearing, commanding attention wherever she went.

2

Track 1 - 0:13

Я заядлая путешественница и за последние пять лет побывала в более чем двадцати пяти странах.
I'm an avid traveler and have been to over 25 countries in the past five years.

3

Track 1 - 0:24

Я всегда была очарована концепцией путешествия во времени.

I've always been fascinated by the concept of time travel.

4

Track 1 - 0:32

Продолжи́тельная за́суха привела́ к о́строй нехва́тке воды́ в се́льской ме́стности, что вы́нудило фе́рмеров полага́ться на госуда́рственную по́мощь.

The prolonged drought has led to severe water shortages in rural areas, forcing farmers to rely on government aid.

5

Track 1 - 0:44

Вам необходи́мо внима́тельно следи́ть за инстру́кциями, да́нными инстру́ктором во вре́мя семина́ра.

You need to pay attention to the instructions given by the instructor during the workshop.

6

Track 1 - 0:55

Я давно́ хоте́л вы́учить но́вый язы́к, но у меня́ не́ бы́ло вре́мени.

I've been wanting to learn a new language, but I haven't had the time.

7

Track 1 - 1:03

Они познакомились в кафе́, и э́то была́ любо́вь с пе́рвого взгля́да.
They met at a coffee shop, and it was love at first sight.

8

Track 1 - 1:11

Я поду́мываю о сме́не карье́ры, но не зна́ю, чем хочу́ занима́ться.
I'm considering changing my career, but I'm not sure what I want to do.

9

Track 1 - 1:20

Я поду́мываю о перее́зде в но́вый го́род, но ещё не реши́ла куда́.
I'm considering moving to a new city, but I haven't decided where yet.

10

Track 1 - 1:28

Я слу́шал э́ту но́вую гру́ппу, и они́ потряса́ющие. Ты до́лжен заце́нить их.

I've been listening to this new band, and they're amazing. You should check them out.

11

Track 1 - 1:38

Я не ду́маю, что он о́чень хорошо́ справля́ется с конфли́ктами. Он скло́нен избега́ть их вме́сто того́, что́бы разреша́ть.

I don't think he's very good at handling conflict. He tends to avoid it instead of addressing it.

12

Track 1 - 1:51

Мне сло́жно уследи́ть за постоя́нно меня́ющимися мо́дными тенде́нциями.

I find it hard to keep up with the ever-changing fashion trends.

13

Track 1 - 2:00

Соединённые Штаты и Китай вовлечены в торговую войну, и обе стороны вводят тарифы на товары на миллиарды долларов.
The United States and China are locked in a trade war, with both sides imposing tariffs on billions of dollars worth of goods.

14

Track 1 - 2:12

Я надеюсь, что когда-нибудь смогу свободно говорить на новом языке и использовать его в поездках и на работе.
I hope to become fluent in the new language one day and use it for travel and work.

15

Track 1 - 2:24

Думаю, в этом вопросе нужно подходить более осторожно.
I think we should take a more cautious approach in this matter.

16

Track 1 - 2:32

Я думаю, мы должны пойти посмотреть этот новый фильм вместе. Я слышал, что он действительно хороший.

I think we should go see that new movie together. I heard it's really good.

17

Track 1 - 2:44

Я не знаю, как починить свой велосипед. Думаю отнести его в магазин.

I'm not sure how to fix my bike. I think I'll take it to the shop.

18

Track 1 - 2:55

Мне трудно идти в ногу с новейшими технологиями.

I find it difficult to keep up with the latest technology.

19

Track 1 - 3:02

Он не са́мый общи́тельный челове́к, но как то́лько ты узна́ешь его́ побли́же, он ста́нет отли́чным дру́гом.

He's not the most outgoing person, but once you get to know him, he's a great friend.

20

Track 1 - 3:13

Она́ всегда́ была́ дово́льно материалисти́чной, но я ду́маю, что она́ начина́ет осознава́ть ва́жность о́пыта, а не иму́щества.

She's always been quite materialistic, but I think she's starting to realize the importance of experiences over possessions.

21

Track 1 - 3:25

Они́ на́чали небольшо́й би́знес, упо́рно трудя́сь, что́бы сде́лать его́ успе́шным.

They started a small business, working hard to make it a success.

22

Track 1 - 3:34

Бу́дьте осторо́жны на э́том велосипе́де. Он немно́го ша́ткий.

Be careful on that bike. It's a little wobbly.

23

Track 1 - 3:43

Я пыта́лась сэконо́мить де́ньги, но э́то тру́дно со все́ми расхо́дами, кото́рые у меня́ есть.

I've been trying to save money, but it's hard with all the expenses I have.

24

Track 1 - 3:53

Несмотря́ на фина́нсовые тру́дности компа́нии, генера́льный дире́ктор сохраня́ет оптими́зм в отноше́нии её бу́дущих перспекти́в.

Despite the company's financial struggles, the CEO remains optimistic about its future prospects.

25

Track 1 - 4:05

Иссле́дователи обнару́жили, что экспериме́нта́льный препара́т оказа́л значи́тельное влия́ние на уменьше́ние симпто́мов заболева́ния.

The researchers found that the experimental drug had a significant effect on reducing the symptoms of the disease.

26

Track 1 - 4:18

Мно́гие полити́ческие па́ртии име́ют ра́зные идеоло́гии, кото́рые влия́ют на их поли́тику и реше́ния.

Many political parties have different ideologies, which influence their policies and decisions.

27

Track 1 - 4:29

Путеше́ствие на по́езде из Пари́жа в Ма́рсель сла́вится свои́ми живопи́сными пейза́жами, предлага́я путеше́ственникам взгляну́ть на

французскую се́льскую ме́стность во всей её красе́.

The train journey from Paris to Marseille is renowned for its picturesque scenery, offering travelers a glimpse of the French countryside at its finest.

28

Track 1 - 4:45

На фина́нсовые показа́тели компа́нии повлия́л экономи́ческий спад.

The company's financial performance has been affected by the economic downturn.

29

Track 1 - 4:53

Вели́кая депре́ссия была́ серьёзным глоба́льным экономи́ческим спа́дом, кото́рый дли́лся с ты́сяча девятьсо́т два́дцать девя́того по ты́сячу девятьсо́т три́дцать девя́тый год.

The Great Depression was a severe global economic downturn that lasted from 1929 to 1939.

30

Track 1 - 5:07

В после́днее вре́мя вы пренебрега́ете свои́м здоро́вьем. Пришло́ вре́мя нача́ть занима́ться спо́ртом и пра́вильно пита́ться.

You have been neglecting your health lately. It's time to start exercising and eating healthier.

31

Track 1 - 5:20

Она́ всегда́ была́ дово́льно амбицио́зной, но я ду́маю, что она́ начина́ет осознавать ва́жность бала́нса в жи́зни.

She's always been quite ambitious, but I think she's starting to realize the importance of balance in life.

32

Track 1 - 5:32

Моя́ жена́ прекра́сно гото́вит и всегда́ удивля́ет меня́ вку́сной едо́й, когда́ я прихожу́ домо́й с рабо́ты.

My wife is a fantastic cook and always surprises me with delicious meals when I come home from work.

33

Track 1 - 5:42

Тропи́ческий лес Амазо́нки явля́ется крупне́йшим тропи́ческим ле́сом в ми́ре и явля́ется до́мом для са́мых ра́зных ви́дов.

The Amazon rainforest is the largest tropical rainforest in the world and is home to a diverse range of species.

34

Track 1 - 5:54

Я ду́маю о пое́здке в Исла́ндию в сле́дующем году́. Ты когда́-нибудь был там?

I'm thinking about taking a vacation to Iceland next year. Have you ever been there?

35

Track 1 - 6:04

Я не ду́маю, что она́ заслу́живает большо́го дове́рия. У неё есть скло́нность преувели́чивать.

I don't think she's very trustworthy. She has a tendency to exaggerate things.

36

Track 1 - 6:16

Я ду́маю о том, что́бы заня́ться но́вым хо́бби, но ещё не реши́л, каки́м.

I'm thinking about taking up a new hobby, but I haven't decided what yet.

37

Track 1 - 6:25

Междунаро́дная косми́ческая ста́нция – результа́т сотру́дничества не́скольких стран, включа́я Росси́ю, США и Япо́нию.

The International Space Station is a collaboration between multiple countries, including Russia, the United States, and Japan.

38

Track 1 - 6:37

Изуче́ние но́вого языка́ бы́ло для меня́ и сло́жным, и поле́зным.
Learning a new language has been both challenging and rewarding for me.

39

Track 1 - 6:45

В настоя́щее вре́мя она́ у́чится за грани́цей в Испа́нии и у́чится бе́гло говори́ть по-испа́нски.
She is currently studying abroad in Spain and learning to speak fluent Spanish.

40

Track 1 - 6:55

Я бы на твоём ме́сте э́то не ел, оно́ како́е-то вре́мя пролежа́ло.
I wouldn't eat that if I were you, it's been sitting out for a while.

41

Track 1 - 7:04

Я о́чень ценю́ твою́ по́мощь в э́том прое́кте. Э́то име́ет огро́мное значе́ние.

I really appreciate your help with this project. It's made a huge difference.

42

Track 1 - 7:14

СМИ игра́ют значи́тельную роль в формирова́нии обще́ственного мне́ния и полити́ческого дискурса.

The media plays a significant role in shaping public opinion and political discourse.

43

Track 1 - 7:24

С мои́м обши́рным зна́нием литерату́ры я счита́ю себя́ настоя́щим библиофи́лом.

With my extensive knowledge of literature, I consider myself to be quite the bibliophile.

44

Track 1 - 7:33

Зна́ете ли вы, что са́мая больша́я изве́стная звезда́ в ты́сячу семьсо́т раз бо́льше на́шего Со́лнца?

Did you know that the largest known star is 1,700 times bigger than our sun?

45

Track 1 - 7:44

Рассма́тривали ли вы возмо́жность обрати́ться за сове́том к фина́нсовому консульта́нту? Возмо́жно, сто́ит изучи́ть э́то.

Have you considered seeking advice from a financial advisor? It might be worth looking into.

46

Track 1 - 7:56

Пы́шные, зелёные джу́нгли представля́ли собо́й симфо́нию зву́ков, их я́ркая ди́кая приро́да звала́ ди́ким хо́ром болтовни́ и пе́сен.

The lush, verdant jungle was a symphony of sound, its vibrant wildlife calling out in a wild chorus of chatter and song.

47

Track 1 - 8:09

Мой муж немно́го поме́шан на чистоте́, но я не возража́ю, потому́ что э́то означа́ет, что наш дом всегда́ безупре́чен.
My husband is a bit of a neat freak, but I don't mind because it means our house is always spotless.

48

Track 1 - 8:22

Она́ рабо́тает волонтёром в прию́те для живо́тных и лю́бит помога́ть уха́живать за живо́тными.
She is volunteering at an animal shelter and loves helping care for the animals.

49

Track 1 - 8:32

Но́вый отчёт предполага́ет, что измене́ние кли́мата ока́зывает

бо́льшее влия́ние на плане́ту, чём счита́лось ра́нее.
A new report suggests that climate change is having a greater impact on the planet than previously thought.

50
Track 1 - 8:43

Я чита́л э́ту кни́гу, и она́ насто́лько хороша́, что я не могу́ от неё оторва́ться.
I've been reading this book, and it's so good I can't put it down.

51
Track 2 - 0:00

В э́ти выходны́е они́ устра́ивают зва́ный у́жин и пригласи́ли не́скольких свои́х друзе́й.
They are hosting a dinner party this weekend and have invited several of their friends.

52

Track 2 - 0:10

Хотя́ я всегда́ был уве́рен в свои́х си́лах, иногда́ я всё ещё борю́сь с синдро́мом самозва́нца.

Although I've always been confident in my abilities, I still struggle with imposter syndrome at times.

53

Track 2 - 0:20

Я уже́ не́сколько ме́сяцев пыта́юсь вы́учить но́вый язы́к.

I've been trying to learn a new language for a few months now.

54

Track 2 - 0:28

Роль лобби́стов, представля́ющих интере́сы конкре́тных организа́ций и́ли отрасле́й в поли́тике, мо́жет вызыва́ть спо́ры.

The role of lobbyists, who represent the interests of specific organizations or industries, can be controversial in politics.

55

Track 2 - 0:40

Что мне бо́льше всего́ не нра́вится в мое́й ны́нешней рабо́те, так э́то отсу́тствие самостоя́тельности.

The thing I dislike most about my current job is the lack of autonomy.

56

Track 2 - 0:50

Тео́рии эволю́ции и есте́ственного отбо́ра бы́ли разрабо́таны Ча́рльзом Да́рвином и занима́ют центра́льное ме́сто в понима́нии разнообра́зия жи́зни на Земле́.

The theories of evolution and natural selection were developed by Charles Darwin and are central to understanding the diversity of life on Earth.

57

Track 2 - 1:04

Я счита́ю поле́зным погрузи́ться в культу́ру, просма́тривая фи́льмы и чита́я кни́ги на но́вом языке́.

I find it helpful to immerse myself in the culture by watching movies and reading books in the new language.

58

Track 2 - 1:14

Я часто встречаюсь с друзьями, чтобы выпить или поужинать по выходным.

I often meet up with friends for a drink or dinner on the weekends.

59

Track 2 - 1:23

Думаю, я возьму свой велосипед и покатаюсь позже. Погода выглядит идеально для этого.

I think I'm going to take my bike out for a ride later. The weather looks perfect for it.

60

Track 2 - 1:35

Мне нравится бегать в парке в хороший день, чтобы очистить свой разум.

I enjoy going for a run in the park on a nice day to clear my mind.

61

Track 2 - 1:43

Она́ не реша́лась начина́ть но́вые отноше́ния по́сле после́днего тяжёлого расстава́ния, но он оказа́лся досто́йным ри́ска.

She was hesitant to start a new relationship after her last heartbreak, but he proved to be worth the risk.

62

Track 2 - 1:55

Платфо́рмы социа́льных сете́й измени́ли то, как мы обща́емся с друзья́ми и семьёй, а та́кже то, как мы потребля́ем но́вости.

Social media platforms have changed the way we connect with friends and family and also how we consume news.

63

Track 2 - 2:08

Моя́ колле́га то́лько что сказа́ла мне, что плани́рует уйти́ с рабо́ты в сле́дующем ме́сяце, так что нам ну́жно найти́ кого́-то, кто заме́нит её.

My coworker just told me that she's planning to quit her job next month, so we're going to have to find someone to replace her.

64

Track 2 - 2:22

Я всегда́ хоте́л вы́учить италья́нский. Он звучи́т так краси́во.

I've always wanted to learn Italian. It sounds so beautiful.

65

Track 2 - 2:31

Е́сли ты чу́вствуешь себя́ перегру́женной, попро́буй разби́ть свои́ зада́чи на бо́лее ме́лкие ча́сти.

If you're feeling overwhelmed, try breaking up your tasks into smaller chunks.

66

Track 2 - 2:42

Чтобы избежа́ть прокрастинации, ты до́лжен раздели́ть больши́е, пуга́ющие зада́чи на ма́ленькие, просты́е шаги́.

To avoid procrastination, you should divide big, intimidating tasks into small, simple steps.

67

Track 2 - 2:53

Конце́пция нуля́ была́ впервы́е разрабо́тана в дре́вней И́ндии и произвела́ револю́цию в матема́тике.

The concept of zero was first developed in ancient India and revolutionized mathematics.

68

Track 2 - 3:03

Он гото́вится получи́ть лице́нзию пило́та и наде́ется когда́-нибудь стать пило́том комме́рческой авиакомпа́нии.

He is studying for his pilot's license and hopes to become a commercial airline pilot someday.

69

Track 2 - 3:14

Я поду́мываю о том, что́бы взять о́тпуск на рабо́те, но ещё не реши́ла то́чно.
I'm thinking about taking a sabbatical from work, but I haven't decided for sure yet.

70

Track 2 - 3:24

Несмотря́ на тру́дности, кома́нда вы́стояла и заверши́ла прое́кт в срок.
Despite the challenges, the team persevered and completed the project on time.

71

Track 2 - 3:33

Она́ всегда́ была́ дово́льно эгоцентри́чной, но я ду́маю, что она́ начина́ет станови́ться бо́лее чу́ткой.
She's always been quite self-centered, but I think she's starting to become more empathetic.

72

Track 2 - 3:43

Я поду́мываю съе́здить на день на пляж в э́ти выходны́е, но не уве́рен, что пого́да бу́дет благоприя́тной.

I'm thinking of taking a day trip to the beach this weekend, but I'm not sure if the weather will cooperate.

73

Track 2 - 3:54

Я не ду́маю, что она́ о́чень хорошо́ справля́ется с кри́тикой. Она́ скло́нна принима́ть всё на свой счёт.

I don't think she's very good at handling criticism. She tends to take things personally.

74

Track 2 - 4:07

Он всегда́ был дово́льно пессимисти́чен, но я ду́маю, что он начина́ет ви́деть во всём позити́в.

He's always been quite pessimistic, but I think he's starting to see the positive in things.

75

Track 2 - 4:17

Нежная текстура варёного лосося дополняется острым соусом из укропа, что делает его популярным блюдом среди любителей морепродуктов.

The delicate texture of the poached salmon is complemented by the tangy dill sauce, making it a popular dish among seafood enthusiasts.

76

Track 2 - 4:30

Она стала волонтёром в приюте для животных, посвящая своё время помощи нуждающимся животным.

She became a volunteer at an animal shelter, dedicating her time to helping animals in need.

77

Track 2 - 4:41

Несмотря на то, что в моей личной жизни были взлёты и падения, я стараюсь сосредоточиться на

позити́ве и максима́льно испо́льзовать ка́ждую возмо́жность.
While I've experienced some ups and downs in my personal life, I try to focus on the positive and make the most out of every opportunity.

78
Track 2 - 4:56

Она́ всегда́ была́ дово́льно пасси́вной, но я ду́маю, что она́ начина́ет станови́ться бо́лее напо́ристой.
She's always been quite passive, but I think she's starting to become more assertive.

79
Track 2 - 5:06

В це́лом, я благода́рна за возмо́жность вы́учить но́вый язы́к и расши́рить свой кругозо́р.
Overall, I'm grateful for the opportunity to learn a new language and expand my horizons.

80

Track 2 - 5:16

Я мно́го рабо́тал, что́бы погаси́ть свой долг, но э́то был ме́дленный проце́сс.
I've been working hard to pay off my debt, but it's been a slow process.

81

Track 2 - 5:25

Я стара́юсь забо́титься об окружа́ющей среде́, поэ́тому испо́льзую многоразовые су́мки для поку́пок.
I'm trying to be more environmentally conscious, so I've been using reusable shopping bags.

82

Track 2 - 5:36

Ны́нешний полити́ческий кли́мат вызыва́ет мно́го беспоря́дков и проте́стов про́тив прави́тельства.
The current political climate is causing a lot of unrest and protests against the government.

83

Track 2 - 5:46

Ренесса́нс был пери́одом большо́го худо́жественного, культу́рного и нау́чного прогре́сса в Евро́пе, кото́рый дли́лся с четы́рнадцатого по семна́дцатый ве́ка.

The Renaissance was a period of great artistic, cultural, and scientific advancement in Europe that lasted from the 14th to the 17th century.

84

Track 2 - 6:00

Челове́ческое се́рдце явля́ется жи́зненно ва́жным о́рганом, кото́рый перека́чивает кровь ко всем частя́м те́ла и необходи́м для жи́зни.

The human heart is a vital organ that pumps blood to all parts of the body and is essential for life.

85

Track 2 - 6:13

Она́ всегда́ мечта́ла стать профессиона́льной танцо́вщицей и в настоя́щее вре́мя прохо́дит прослу́шивание в танцева́льной тру́ппе.

She has always dreamed of becoming a professional dancer and is currently auditioning for a dance company.

86
Track 2 - 6:25

Я о́чень ждал конце́рта, но, к сожале́нию, его́ отмени́ли.

I was really looking forward to the concert, but unfortunately, it got canceled.

87
Track 2 - 6:33

Путеше́ствие в но́вые стра́ны бы́ло одни́м из са́мых я́рких моме́нтов мое́й жи́зни и откры́ло мне глаза́ на ра́зные культу́ры.

Traveling to new countries has been one of the highlights of my life and has opened my eyes to different cultures.

88

Track 2 - 6:44

Она́ ста́ла зая́длым чита́телем, пожира́я кни́ги на са́мые ра́зные те́мы.

She became an avid reader, devouring books on a variety of topics.

89

Track 2 - 6:53

Как прошёл твой о́тпуск? Удало́сь рассла́биться и отдохну́ть?

How was your vacation? Did you get to relax and unwind?

90

Track 2 - 7:02

Рост Интерне́та привёл к разви́тию но́вых отрасле́й, таки́х как электро́нная комме́рция и онла́йн-ма́ркетинг.

The rise of the internet has led to the development of new industries, such as e-commerce and online marketing.

91

Track 2 - 7:14

Вам ну́жно быть бо́лее организо́ванным, е́сли вы хоти́те доби́ться успе́ха.

You need to be more organized if you want to succeed.

92

Track 2 - 7:23

Они́ собра́лись у ками́на, расска́зывали исто́рии и смея́лись до по́здней но́чи.

They gathered around the fireplace, telling stories and laughing until late into the night.

93

Track 2 - 7:32

Мне бы́ло тру́дно поня́ть пра́вила грамма́тики но́вого языка́.

It has been difficult for me to understand the grammar rules in the new language.

94

Track 2 - 7:39

Я с нетерпе́нием жду выходны́х. Мне ну́жно немно́го вре́мени, что́бы рассла́биться.

I'm looking forward to the weekend. I need some time to relax.

95

Track 2 - 7:50

Рост автоматиза́ции привёл к сокраще́нию рабо́чих мест во мно́гих отрасля́х.

The rise of automation has led to job losses in many industries.

96

Track 2 - 7:59

Она́ реши́ла вы́учить но́вый язы́к, запи́сываясь на ку́рсы и ежедне́вно практику́ясь.

She decided to learn a new language, enrolling in classes and practicing daily.

97

Track 2 - 8:09

Человéческий мозг спосóбен храни́ть огрóмное коли́чество информáции и мóжет обрабáтывать óколо шести́десяти ты́сяч мы́слей в день.

The human brain has the ability to store a vast amount of information and can process about 60,000 thoughts per day.

98

Track 2 - 8:22

Я старáюсь оплáчивать свои́ счетá вóвремя кáждый мéсяц, чтóбы избежáть каки́х-либо просрóченных платежéй.

I make sure to pay my bills on time every month to avoid any late fees.

99

Track 2 - 8:33

Вы бы́ли вы́браны для собесéдования. Вы мóжете прийти́ зáвтра в четы́рнадцать ноль-ноль?

You have been selected for the job interview. Can you come in tomorrow at 2 pm?

100

Track 2 - 8:43

Переговоры между двумя странами продолжаются уже несколько месяцев.
The negotiations between the two countries have been ongoing for several months.

101

Track 3 - 0:00

Он только что закончил читать увлекательный роман об истории Римской империи.
He has just finished reading a fascinating novel about the history of the Roman Empire.

102

Track 3 - 0:09

Спасибо за встречу со мной. Я очень ценю это.
Thanks for meeting with me. I really appreciate it.

103

Track 3 - 0:18

Я ду́маю о поку́пке но́вого дива́на для мое́й гости́ной, что-то удо́бное и сти́льное.
I'm thinking about buying a new couch for my living room, something comfortable and stylish.

104

Track 3 - 0:27

Голосова́ние явля́ется ва́жным аспе́ктом демокра́тии, поско́льку оно́ позволя́ет гра́жданам выска́зывать своё мне́ние о том, кто представля́ет их в прави́тельстве.
Voting is an important aspect of democracy, as it allows citizens to have a say in who represents them in government.

105

Track 3 - 0:42

Я плани́рую созда́ть семью́ в ближа́йшее вре́мя.
I'm planning on starting a family soon.

106

Track 3 - 0:49

Моя́ страсть к кулинари́и привела́ меня́ к тому́, что я стал о́пытным по́варом, спосо́бным с лёгкостью создава́ть вку́сные блю́да.

My passion for cooking has led me to become a skilled chef, able to create delicious meals with ease.

107

Track 3 - 1:01

Мой люби́мый цвет в оде́жде – зелёный. Э́то заставля́ет меня́ чу́вствовать себя́ све́жей и энерги́чной.

My favorite color to wear is green. It makes me feel fresh and vibrant.

108

Track 3 - 1:13

Прави́тельству необходи́мо реши́ть пробле́му нера́венства дохо́дов, что́бы созда́ть бо́лее равнопра́вное о́бщество.

The government needs to address the issue of income inequality in order to create a more equal society.

109

Track 3 - 1:24

В настоя́щее вре́мя он рабо́тает над но́вым альбо́мом и плани́рует вы́пустить его́ в ближа́йшие не́сколько ме́сяцев.

He is currently working on a new album and plans to release it in the next few months.

110

Track 3 - 1:35

Фо́ндовый ры́нок представля́ет собо́й сло́жную систе́му, в кото́рой а́кции покупа́ются и продаю́тся в зави́симости от фина́нсовых показа́телей компа́нии и настрое́ний инве́сторов.

The stock market is a complex system where stocks are bought and sold based on a company's financial performance and investor sentiment.

111

Track 3 - 1:51

Моя́ цель на э́тот год – прочита́ть бо́льше нау́чно-популя́рных книг. Я хочу́ расши́рить свой кругозо́р.

My goal for this year is to read more non-fiction books. I want to broaden my perspective.

112

Track 3 - 2:03

Я ду́маю, что на како́е-то вре́мя воздержу́сь от соцсете́й. Э́то начина́ет подавля́ть меня́.

I think I'm going to take a break from social media for a while. It's starting to feel overwhelming.

113

Track 3 - 2:14

Я жале́ю, что не учи́лась уся́рднее в ста́ршей шко́ле. Тепе́рь э́то влия́ет на мои́ оце́нки в университе́те.

I regret not studying harder in high school. It's affecting my university grades now.

114

Track 3 - 2:26

Он отпра́вился в Япо́нию, что́бы узна́ть о традицио́нных боевы́х иску́сствах.

He traveled to Japan to learn about traditional martial arts.

115

Track 3 - 2:35

Конце́рт прошёл с огро́мным успе́хом, гру́ппа получи́ла бу́рные аплодисме́нты.

The concert was a huge success, and the band received a standing ovation.

116

Track 3 - 2:44

Я обнару́жил, что е́сли я составля́ю спи́сок дел пе́ред сном, я лу́чше сплю, зна́я, что у меня́ есть план на сле́дующий день.

I find that if I make a to-do list before bed, I sleep better, knowing I have a plan for the next day.

117

Track 3 - 2:57

Не уве́рена, что согла́сна с твое́й оце́нкой ситуа́ции.

I'm not sure if I agree with your assessment of the situation.

118

Track 3 - 3:04

Она́ усе́рдно рабо́тала над улучше́нием своего́ испа́нского, поэ́тому смотре́ла телешо́у на испа́нском языке́.

She's been working hard to improve her Spanish, so she's been watching Spanish-language television shows.

119

Track 3 - 3:15

В настоя́щее вре́мя населе́ние Земли́ составля́ет бо́лее восьми́ миллиа́рдов челове́к.

The world's population is currently over eight billion people.

120

Track 3 - 3:24

У меня́ есть ма́чеха, но мы о́чень хорошо́ ла́дим.
I have a stepmother, but we get along really well.

121

Track 3 - 3:32

Моя́ семья́ о́чень подде́рживает мой вы́бор профе́ссии.
My family is very supportive of my career choices.

122

Track 3 - 3:39

Я не ду́маю, что она́ о́чень хорошо́ справля́ется со стре́ссом. Она́ скло́нна легко́ переутомля́ться.
I don't think she's very good at handling stress. She tends to get overwhelmed easily.

123

Track 3 - 3:51

Как прошли́ выходны́е? Ты сде́лала что-нибу́дь весёлое?

How was your weekend? Did you do anything fun?

124

Track 3 - 3:59

Я хоте́л бы бо́льше занима́ться волонтерством, но у меня́ не́ было возмо́жности.

I've been wanting to volunteer more, but I haven't had the opportunity.

125

Track 3 - 4:08

Она́ была́ влюблена́ в него́ не́сколько ме́сяцев, но так и не набрала́сь сме́лости, что́бы сказа́ть ему́ об э́том.

She had a crush on him for months but never mustered up the courage to tell him.

126

Track 3 - 4:19

Как прошёл концерт? Вам понравилась музыка и атмосфера?
How was the concert? Did you enjoy the music and the atmosphere?

127

Track 3 - 4:29

Фильм совсем не впечатлил. В нём не было особого сюжета.
The movie was quite underwhelming. It didn't have much of a plot.

128

Track 3 - 4:38

У меня есть страсть к кулинарии и мне нравится экспериментировать с разными вкусами и кухнями.
I have a passion for cooking and enjoy experimenting with different flavors and cuisines.

129

Track 3 - 4:48

Обы́чно я провожу́ вечера́ за просмо́тром телеви́зора и́ли чте́нием кни́ги.

I usually spend my evenings watching television or reading a book.

130

Track 3 - 4:57

Я уже́ давно́ поду́мываю о сме́не профе́ссии. Вы когда́-нибудь меня́ли профе́ссию в свое́й жи́зни?

I've been considering changing careers for a while now. Have you ever changed careers in your life?

131

Track 3 - 5:08

Я не ду́маю, что справедли́во суди́ть о ком-то то́лько по его́ вне́шности.

I don't think it's fair to judge someone based solely on their appearance.

132

Track 3 - 5:17

Я стара́юсь пита́ться бо́лее здоро́вой пи́щей, но мне тру́дно устоя́ть пе́ред вре́дной пи́щей.
I've been trying to eat healthier, but it's hard to resist junk food.

133

Track 3 - 5:27

Он был её опо́рой в тру́дные времена́, и она́ не представля́ла свое́й жи́зни без него́.
He was her rock during the tough times, and she couldn't imagine her life without him.

134

Track 3 - 5:36

Я не понима́ю, почему́ он так одержи́м коллекциони́рованием ма́рок.
I don't understand why he's so obsessed with collecting stamps.

135

Track 3 - 5:44

Че́стно говоря́, я не ду́маю, что гожу́сь для тако́й рабо́ты. Э́то про́сто не для меня́.

To be honest, I don't think I'm cut out for this type of job. It's just not for me.

136

Track 3 - 5:55

Я действи́тельно с нетерпе́нием жду о́тпуска в сле́дующем ме́сяце. Я не могу́ дожда́ться, что́бы рассла́биться на пля́же и поне́житься на со́лнце.

I'm really looking forward to my vacation next month. I can't wait to relax on the beach and soak up some sun.

137

Track 3 - 6:09

Они́ присоедини́лись к театра́льной тру́ппе, выступа́я в спекта́клях и мю́зиклах.

They joined a theater group, performing in plays and musicals.

138

Track 3 - 6:19

Я заме́тил огро́мную ра́зницу в у́ровне мое́й эне́ргии с тех пор, как я на́чал включа́ть регуля́рные упражне́ния в свой распоря́док.

I've noticed a huge difference in my energy levels since I started incorporating regular exercise into my routine.

139

Track 3 - 6:31

Я заме́тила, что моя́ уве́ренность улу́чшилась, поско́льку я продолжа́ю практикова́ть разгово́рную речь.

I've noticed my confidence improve as I continue to practice speaking.

140

Track 3 - 6:42

Предстоя́щее но́вое спорти́вное собы́тие вы́глядит захва́тывающим. Тебе́ интере́сно пое́хать со мной?

The new sporting event coming up looks exciting. Are you interested in attending with me?

141

Track 3 - 6:54

Я обнару́жила, что прослу́шивание пе́сен на но́вом языке́ помога́ет мне запомина́ть но́вую ле́ксику.

I find that listening to songs in a new language helps me to retain new vocabulary.

142

Track 3 - 7:05

Я всегда́ интересова́лся фотогра́фией и после́дние не́сколько лет отта́чивал свои́ на́выки.

I've always been interested in photography and have been honing my skills for the past few years.

143

Track 3 - 7:15

Англи́йский язы́к развива́лся с тече́нием вре́мени и находи́лся под

влия́нием мно́жества други́х языко́в, включа́я латы́нь и францу́зский.
The English language has evolved over time and has been influenced by a variety of other languages, including Latin and French.

144
Track 3 - 7:29

Футбо́л – са́мый популя́рный вид спо́рта в ми́ре, у кото́рого миллио́ны покло́нников и игроко́в.
Soccer is the most popular sport in the world, with millions of fans and players.

145
Track 3 - 7:39

В це́лях безопа́сности вам необходи́мо взять с собо́й в аэропо́рт действи́тельное удостовере́ние ли́чности.
You need to bring a valid form of identification to the airport for security reasons.

146

Track 3 - 7:49

В сле́дующем ме́сяце в музе́е бу́дет предста́влена но́вая вы́ставка, посвящённая дре́вним цивилиза́циям.

The museum will be showcasing a new exhibit on ancient civilizations starting next month.

147

Track 3 - 8:00

Но́вое законода́тельство напра́влено на улучше́ние усло́вий труда́ для рабо́тников ро́зничного се́ктора.

The new legislation aims to improve working conditions for employees in the retail sector.

148

Track 3 - 8:10

Бы́ло объя́влено о крупномасшта́бном о́тзыве популя́рного бре́нда проду́ктов пита́ния из-за опасе́ний загрязне́ния.

A large-scale recall of a popular brand of food has been announced due to contamination concerns.

149
Track 3 - 8:21

Что ты ду́маешь о но́вом фи́льме, кото́рый ты посмотре́ла про́шлой но́чью?

What did you think of the new movie you saw last night?

150
Track 3 - 8:30

Он рабо́тает инжене́ром-программи́стом в кру́пной технологи́ческой компа́нии.

He works as a software engineer for a major technology company.

151
Track 4 - 0:00

Рома́н иссле́дует сло́жные отноше́ния ме́жду персона́жами и их борьбу́ с иденти́чностью и самоприня́тием.

The novel explores the complex relationships between the characters and their struggles with identity and self-acceptance.

152

Track 4 - 0:11

Я то́лько что посмотре́л после́дний вы́пуск популя́рного шо́у на Netflix, и мне не те́рпится обсуди́ть его́ с тобо́й.

I just watched the latest episode of the hit Netflix show, and I can't wait to discuss it with you.

153

Track 4 - 0:22

Мне пришло́сь подкорректи́ровать своё произноше́ние, что́бы оно́ бо́льше походи́ло на носи́теля языка́.

I have had to adjust my pronunciation to sound more like a native speaker.

154

Track 4 - 0:33

Испо́льзование а́втором символи́зма в рома́не добавля́ет глубины́

рассказу и улучшает понимание читателем.
The author's use of symbolism in the novel adds depth to the story and enhances the reader's understanding.

155
Track 4 - 0:43

Мне действительно нужно избавиться от привычки откладывать дела на потом; это вызывает у меня столько стресса.
I really need to break the habit of procrastinating; it's causing me so much stress.

156
Track 4 - 0:54

Вы уже должны были получить моё письмо. Вы его читали?
You should have received my email by now. Did you read it?

157
Track 4 - 1:03

Я не любительница острой пищи. Вы когда-нибудь пробовали блюдо,

которое было слишком острым, чтобы с ним можно было справиться?
I'm not a fan of spicy food. Have you ever tried a dish that was too hot to handle?

158

Track 4 - 1:18

Проливной ливень вызвал внезапные наводнения в низменных районах, что привело к эвакуации и отключению электроэнергии для тысяч жителей.
The torrential downpour caused flash flooding in low-lying areas, causing evacuations and power outages for thousands of residents.

159

Track 4 - 1:31

Я думаю, мы должны рассмотреть все возможные варианты, прежде чем принимать решение.
I think we should consider all possible options before making a decision.

160

Track 4 - 1:41

Но́вая поли́тика вы́звала неоднозна́чную реа́кцию обще́ственности.
The new policy has been met with mixed reactions from the public.

161

Track 4 - 1:50

Не́которые лю́ди утвержда́ют, что двухпарти́йная систе́ма не отража́ет разли́чные взгля́ды населе́ния.
Some people argue that a two-party system is not representative of the diverse views of the population.

162

Track 4 - 2:00

Мне всегда́ каза́лось стра́нным, что он никогда́ не говори́л о своём про́шлом. Ока́зывается, у него́ бы́ло мно́го секре́тов, кото́рые ну́жно бы́ло скрыва́ть.

I always thought it was strange how he never talked about his past. It turns out he had a lot of secrets to hide.

163

Track 4 - 2:16

Они отпра́вились на сафа́ри в А́фрику, став свиде́телями невероя́тного разнообра́зия ди́кой приро́ды.

They went on a safari in Africa, witnessing the incredible diversity of wildlife.

164

Track 4 - 2:26

Да́же при всех мои́х уси́лиях остава́ться организо́ванным, я ча́сто чу́вствую себя́ перегру́женным свои́м спи́ском дел.

Even with my best efforts to stay organized, I often find myself feeling overwhelmed by my to-do list.

165

Track 4 - 2:38

Я ду́маю о плани́ровании пое́здки в Евро́пу сле́дующим ле́том. Есть рекоменда́ции?

I'm thinking of planning a trip to Europe next summer. Any recommendations?

166

Track 4 - 2:48

Я ду́маю, что кра́сный цвет о́чень си́льный. Он всегда́ привлека́ет моё внима́ние.

I think that red is a very powerful color. It always catches my attention.

167

Track 4 - 2:59

Прави́тельство объяви́ло о но́вых ме́рах по борьбе́ с ро́стом престу́пности в го́роде.

The government has announced new measures to combat rising crime rates in the city.

168

Track 4 - 3:08

Я был действи́тельно впечатлён ка́чеством еды́ в том но́вом рестора́не, в кото́рый мы пошли́ про́шлой но́чью. Я обяза́тельно верну́сь.

I was really impressed by the quality of the food at that new restaurant we went to last night. I'll definitely be going back.

169

Track 4 - 3:22

Они́ посети́ли музе́й, полюбова́вшись дре́вними артефа́ктами и карти́нами.

They visited the museum, marveling at the ancient artifacts and paintings.

170

Track 4 - 3:31

Я ду́мал, что у меня́ есть хоро́шие ша́нсы получи́ть э́ту рабо́ту, но я да́же не попа́л на собесе́дование.

I thought I had a good chance of getting that job, but I didn't even get an interview.

171

Track 4 - 3:42

Можете ли вы рассказать мне больше о вашем опыте обучения за границей во время учёбы в колледже?

Can you tell me more about your experiences studying abroad during college?

172

Track 4 - 3:52

Спасибо, что подняли этот вопрос. Я совершенно забыл об этом.

Thanks for bringing that up. I completely forgot about it.

173

Track 4 - 4:01

Тебе нужно будет взять с собой паспорт и немного наличных денег для поездки в Европу.

You will need to bring your passport and some cash for your trip to Europe.

174

Track 4 - 4:11

Большо́й Барье́рный риф, располо́женный в Австра́лии, явля́ется одно́й из крупне́йших в ми́ре систе́м кора́лловых ри́фов.

The Great Barrier Reef, located in Australia, is one of the world's largest coral reef systems.

175

Track 4 - 4:23

Я ча́сто хожу́ к ба́бушке и де́душке на у́жин по воскресе́ньям.

I often go to my grandparents' house for dinner on Sundays.

176

Track 4 - 4:31

Я так взволно́ван вы́ходом сле́дующего сезо́на «И́гры престо́лов». Э́то бу́дет эпи́чно.

I'm so excited for the next season of Game of Thrones to come out. It's going to be epic.

177

Track 4 - 4:42

Успока́ивающее тепло́ таре́лки сы́тного чи́ли с я́ркой сме́сью спе́ций и не́жных кусо́чков говя́дины – идеа́льное лека́рство от холо́дного зи́мнего ве́чера.

The comforting warmth of a bowl of hearty chili, with its bold blend of spices and tender chunks of beef, is the perfect remedy for a cold winter evening.

178

Track 4 - 4:56

Компа́ния полна́ реши́мости расширя́ть свою́ де́ятельность по всему́ ми́ру, несмотря́ на тру́дности.

The company is determined to expand its operations globally, despite the challenges.

179

Track 4 - 5:07

Она́ заняла́сь жи́вописью как хо́бби, находя́ утеше́ние в иску́сстве.

She took up painting as a hobby, finding solace in the art.

180

Track 4 - 5:15

Я пыта́юсь сэконо́мить де́ньги, гото́вя бо́льше еды́ до́ма, а не вне до́ма.
I'm trying to save money by cooking more meals at home instead of eating out.

181

Track 4 - 5:24

Я мно́го лет игра́ю в ша́хматы. Э́то сло́жная игра́, кото́рая тре́бует мно́го стратеги́ческого мышле́ния.
I've been playing chess for years. It's a challenging game that requires a lot of strategic thinking.

182

Track 4 - 5:37

Спаси́бо за твоё терпе́ние. Я зна́ю, э́то должно́ быть расстра́ивает тебя́.
Thank you for your patience. I know this must be frustrating for you.

183

Track 4 - 5:47

Он всегда́ интересова́лся поли́тикой и рассма́тривает возмо́жность баллоти́роваться на ме́стный пост.

He has always been interested in politics and is considering running for local office.

184

Track 4 - 5:57

Что вы ду́маете о теку́щей полити́ческой ситуа́ции в ва́шей стране́?

What are your thoughts on the current political situation in your country?

185

Track 4 - 6:05

Вчера́ я це́лый день рабо́тала над свое́й презента́цией для за́втрашней встре́чи.

I spent the entire day yesterday working on my presentation for the meeting tomorrow.

186

Track 4 - 6:14

В последнее время я очень увлёкся йогой. Это отличный способ расслабиться и очистить свой разум.

I've been really into yoga lately. It's such a great way to relax and clear my mind.

187

Track 4 - 6:26

Последняя тенденция в еде, о которой я слышала, — это веганство. Что вы думаете об этом выборе образа жизни?

The latest food trend I've been hearing about is veganism. What do you think about this lifestyle choice?

188

Track 4 - 6:39

Я делаю много ошибок, но рассматриваю их как возможность учиться.

I make a lot of mistakes, but I see them as opportunities to learn.

189

Track 4 - 6:48

В следующем месяце они едут в Италию на двухнедельный отдых.
They are traveling to Italy next month for a two-week vacation.

190

Track 4 - 6:56

Вы способны достичь всего, к чему стремитесь. Не сдавайся.
You are capable of achieving anything you set your mind to. Don't give up.

191

Track 4 - 7:05

Вчера вечером я отлично провела время на концерте. Группа была потрясающей.
I had a great time at the concert last night. The band was amazing.

192

Track 4 - 7:16

Крýпная кибератáка нанеслá серьёзный ущéрб предприя́тиям и госудáрственным учреждéниям.
A major cyber attack has caused widespread disruption to businesses and government agencies.

193

Track 4 - 7:26

Я плани́ровала весь э́тот день, чтóбы пойти́ на пляж, но сейчáс идёт дождь.
I planned this whole day around going to the beach, but it's raining now.

194

Track 4 - 7:35

Синóптики обещáют, что зáвтра вéчером пойдёт си́льный снег.
The weather forecast predicts that it will snow heavily tomorrow evening.

195

Track 4 - 7:44

Не забу́дь зо́нтик. По́зже до́лжен пойти́ дождь.

Don't forget your umbrella. It's supposed to rain later.

196

Track 4 - 7:52

Я не согла́сен с реше́нием прави́тельства сократи́ть финанси́рование образова́тельных програ́мм.

I don't agree with the government's decision to cut funding for education programs.

197

Track 4 - 8:02

Я стара́юсь эконо́мить де́ньги, составля́я бюдже́т и сокраща́я нену́жные расхо́ды.

I make an effort to save money by budgeting and cutting back on unnecessary expenses.

198

Track 4 - 8:11

Бу́дучи музыка́нтом-самоу́чкой, я отточи́л свои́ на́выки, что́бы стать о́пытным пиани́стом.

As a self-taught musician, I have honed my skills to become a proficient piano player.

199

Track 4 - 8:21

Я слы́шала, что но́вый боеви́к получа́ет отли́чные о́тзывы. Хо́чешь пойти́ посмотре́ть его́ в э́ти выходны́е?

I heard that the new action movie is getting great reviews. Want to go see it this weekend?

200

Track 4 - 8:34

Я собира́лся нача́ть смотре́ть «Коро́ну», но слы́шал, что э́то дово́льно ме́дленное шо́у.

I've been meaning to start watching The Crown, but I've heard it's quite a slow-paced show.

201

Track 5 - 0:00

Как вы ду́маете, сто́ит ли нам отпра́виться в путеше́ствие э́тим ле́том и́ли заплани́ровать пля́жный о́тдых?

Do you think we should go on a road trip this summer or plan a beach vacation?

202

Track 5 - 0:11

Одна́ хоро́шая привы́чка, кото́рую я приобрёл, – чита́ть не ме́нее тридцати́ мину́т пе́ред сном. Э́то помога́ет мне рассла́биться и отдохну́ть.

One good habit I've picked up is reading for at least 30 minutes before bed. It helps me to relax and unwind.

203

Track 5 - 0:26

Сейча́с перечи́тываю свою́ люби́мую кла́ссику. Она́ никогда́ не старе́ет.

I'm currently re-reading my favorite classic. It never gets old.

204

Track 5 - 0:35

Президе́нт подве́ргся кри́тике за то, как он спра́вился с продолжа́ющимся экономи́ческим кри́зисом.
The president has come under criticism for his handling of the ongoing economic crisis.

205

Track 5 - 0:46

Он заня́лся фотогра́фией как хо́бби, запечатлева́я краси́вые пейза́жи и открове́нные моме́нты.
He took up photography as a hobby, capturing beautiful landscapes and candid moments.

206

Track 5 - 0:56

Одна́ из мои́х ху́дших привы́чек – есть нездоро́вую пи́щу по́здно

вечером; это определённо не хорошо для моего здоровья.
One of my worst habits is eating junk food late at night; it's definitely not good for my health.

207

Track 5 - 1:08

Ленивцы – медлительные млекопитающие, обитающие на деревьях в Центральной и Южной Америке.
Sloths are slow-moving mammals that live in trees in Central and South America.

208

Track 5 - 1:20

Я думаю, мы должны посетить этот новый мексиканский ресторан сегодня вечером. Я слышал много хорошего о нём.
I think we should try that new Mexican restaurant tonight. I've heard great things about it.

209

Track 5 - 1:33

Полити́ческая корру́пция, така́я как взя́точничество и растра́та, мо́жет подорва́ть це́лостность прави́тельства и нанести́ вред гра́жданам.

Political corruption, such as bribery and embezzlement, can undermine the integrity of a government and harm citizens.

210

Track 5 - 1:46

Ка́жется, у вас возни́кли тру́дности с э́той зада́чей. Вам нужна́ по́мощь?

You seem to be having some difficulty with this task. Would you like some help?

211

Track 5 - 1:57

Ми́ссия "Аполло́н-оди́ннадцать" в ты́сяча девятьсо́т шестьдеся́т девя́том году́ ста́ла пе́рвым слу́чаем, когда́ челове́к ступи́л на Луну́.

The Apollo 11 mission in 1969 was the first time humans set foot on the moon.

212

Track 5 - 2:09

Она́ плани́рует получи́ть сте́пень МВА в сле́дующем году́, а зате́м иска́ть руководя́щую до́лжность в некомме́рческой организа́ции.
She plans on completing her MBA next year and then seeking a leadership position at a nonprofit.

213

Track 5 - 2:22

Пе́рвый спу́тник «Спу́тник-оди́н» был запу́щен Сове́тским Сою́з
The first satellite, Sputnik 1, was launched by the Soviet Union in 1957.

214

Track 5 - 2:33

Мне ну́жно замени́ть мой ста́рый о́фисный стул, он начина́ет станови́ться неудо́бным, а колеса́ скрипя́т.

I need to replace my old office chair, it's starting to get uncomfortable, and the wheels are squeaky.

215

Track 5 - 2:44

Предлагáемая полúтика былá встрéчена неоднознáчной реáкцией заинтересóванных сторóн.
The proposed policy has been met with mixed reactions from stakeholders.

216

Track 5 - 2:53

Онú запланúровали поéздку в Таилáнд, чтóбы познакóмиться с экзотúческой культýрой и пейзáжами.
They planned a trip to Thailand, excited to explore the exotic culture and landscapes.

217

Track 5 - 3:03

Не могý повéрить, что ужé пя́тница! Пролетéла недéля.

I can't believe it's already Friday! The week has flown by.

218

Track 5 - 3:12

Наблюда́ть за тем, как мои́ де́ти расту́т и узна́ют что-то но́вое, – оди́н из са́мых прия́тных роди́тельских о́пытов.

Watching my children grow and learn new things is one of the most rewarding experiences of being a parent.

219

Track 5 - 3:24

Мои́ де́ти научи́ли меня́ ва́жности терпе́ния, понима́ния и безусло́вной любви́.

My children have taught me the importance of patience, understanding, and unconditional love.

220

Track 5 - 3:33

Но́вый рестора́н в го́роде получа́ет отли́чные о́тзывы.

The new restaurant in town is getting great reviews.

221

Track 5 - 3:41

Я слы́шала, что но́вый фильм «Звёздные во́йны» действи́тельно хоро́ш. Обяза́тельно посмотрю́ на э́тих выходны́х.

I heard the new Star Wars movie is really good. I'm definitely going to see it this weekend.

222

Track 5 - 3:55

Я не фана́т фи́льмов у́жасов. Они́ вызыва́ют у меня́ кошма́ры.

I'm not a fan of horror movies. They give me nightmares.

223

Track 5 - 4:04

Гражда́нская война́ в США ста́ла определя́ющим моме́нтом в исто́рии страны́, сформирова́в её

полити́ческий и социа́льный ландша́фт.

The Civil War in the United States was a defining moment in the country's history, shaping its political and social landscape.

224
Track 5 - 4:17

Интерне́т-магази́ны стано́вятся всё бо́лее популя́рными из-за удо́бства и разнообра́зия досту́пных това́ров.

Online shopping has become increasingly popular due to the convenience and variety of products available.

225
Track 5 - 4:28

Я иска́ла но́вую рабо́ту, но пока́ ничего́ не нашла́.

I've been looking for a new job, but I haven't found anything yet.

226
Track 5 - 4:36

В Кита́е прожива́ет са́мое большо́е населе́ние среди́ всех стран – бо́лее одного́ миллиа́рда четырёхсот миллио́нов челове́к.

China has the largest population of any country, with over 1.4 billion people.

227

Track 5 - 4:48

Встре́ча была́ доста́точно продукти́вной. Нам удало́сь реши́ть мно́жество вопро́сов.

The meeting was quite productive. We managed to resolve a lot of issues.

228

Track 5 - 4:58

Ты несёшь отве́тственность за своевре́менное заверше́ние э́того прое́кта.

You are responsible for completing this project on time.

229

Track 5 - 5:06

Не́которые ви́ды аку́л мо́гут пла́вать со ско́ростью до семи́десяти киломе́тров в час.
Some species of sharks can swim at speeds of up to 70 kilometers per hour.

230

Track 5 - 5:16

Вы должны́ нача́ть гото́виться к экза́мену как ми́нимум за неде́лю до него́.
You should start studying for the exam at least a week in advance.

231

Track 5 - 5:24

Я пыта́лась научи́ться игра́ть на фортепиа́но в тече́ние мно́гих лет, но я всё ещё борю́сь с не́которыми из бо́лее сло́жных мело́дий.
I have been trying to learn how to play the piano for years, but I still struggle with some of the more complex melodies.

232

Track 5 - 5:37

Несмотря́ на то, что я не жа́воронок, стара́юсь встава́ть ра́ньше.

Despite the fact that I'm not a morning person, I've been trying to get up earlier.

233

Track 5 - 5:45

Мой муж уме́ет слу́шать и всегда́ зна́ет, как уте́шить меня́, когда́ мне пло́хо.

My husband is an amazing listener and always knows how to comfort me when I'm feeling down.

234

Track 5 - 5:54

Ты слу́шал но́вый альбо́м Те́йлор Свифт? Что ты ду́маешь об э́том?

Have you listened to the new Taylor Swift album? What did you think of it?

235

Track 5 - 6:03

В крупных городах страны продолжаются протесты против жестокости полиции и расового неравенства.

Protests continue to erupt in major cities across the country over police brutality and racial inequality.

236

Track 5 - 6:14

Она невероятно талантлива, но иногда её амбиции могут быть немного чрезмерными.

She's incredibly talented, but sometimes her ambition can be a bit overwhelming.

237

Track 5 - 6:24

Средняя продолжительность пандемии составляет два-три года, но некоторые могут длиться гораздо дольше.

The average lifespan of a pandemic is 2-3 years, but some can last much longer.

238

Track 5 - 6:34

Если вы хоти́те сэконо́мить, попро́буйте ме́ньше есть вне до́ма.
If you want to save money, try cutting back on eating out so much.

239

Track 5 - 6:42

Междунаро́дная косми́ческая ста́нция враща́ется вокру́г Земли́ со ско́ростью о́коло семна́дцати тысяч пятисо́т миль в час.
The International Space Station orbits Earth at a speed of about 17,500 miles per hour.

240

Track 5 - 6:54

Ты по́нял конце́пцию, кото́рую объясня́ли сего́дня на уро́ке?
Did you understand the concept that was explained in class today?

241

Я не уве́рена, согла́сна ли я с экономи́ческой поли́тикой прави́тельства в да́нный моме́нт.
I'm not sure if I agree with the government's economic policies at the moment.

242

Обще́ние с носи́телями языка́ повы́сило мою́ уве́ренность.
Speaking the language with native speakers has improved my confidence.

243

Не мне об э́том суди́ть.
It's not my place to say.

244

Олимпи́йские и́гры – э́то кру́пное междунаро́дное мультиспорти́вное

мероприя́тие, кото́рое прово́дится раз в четы́ре го́да.

The Olympics is a major international multi-sport event that is held every four years.

245
Track 5 - 7:36

Я посеща́ю онла́йн-ку́рсы, что́бы освежи́ть свой францу́зский. Э́то бы́ло поле́зно, но немно́го утоми́тельно.

I've been taking online classes to brush up on my French. It's been helpful but a bit tedious.

246
Track 5 - 7:49

Спаси́бо, что дал мне знать. Я позабо́чусь об э́том пря́мо сейча́с.

Thanks for letting me know. I'll take care of it right away.

247
Track 5 - 7:59

Полити́ческие па́ртии мо́гут образо́вывать коали́ции и́ли сою́зы, чтóбы имéть большинствó в правительстве.

Political parties may form coalitions or alliances in order to have a majority in government.

248

Track 5 - 8:10

Я не совсéм убеждён представленными доказáтельствами.

I'm not entirely convinced by the evidence presented.

249

Track 5 - 8:17

Решéние о расширéнии бизнеса на международные рынки было стратегическим шáгом.

The decision to expand the business into international markets was a strategic move.

250

Я поду́мываю пойти́ на уро́к кулинари́и в сле́дующем ме́сяце. Ка́жется, э́то интере́сный спо́соб улу́чшить свои́ на́выки на ку́хне.

I'm thinking of taking a cooking class next month. It seems like a fun way to improve my skills in the kitchen.

lingualism

Visit our website for information on current and upcoming titles, free excerpts, and language learning resources in Russian, Arabic, and other languages.

www.lingualism.com

Printed in Great Britain
by Amazon